Brincadeiras para sala de aula

Dados Internacionais de Catalogação na Publicação (CIP)
(Câmara Brasileira do Livro, SP, Brasil)

Maluf, Angela Cristina Munhoz
  Brincadeiras para sala de aula / Angela Cristina Munhoz Maluf. 12. ed. – Petrópolis, RJ : Vozes, 2014.

  Bibliografia.

  3ª reimpressão, 2018.

  ISBN 978-85-326-3008-7

  1. Atividades criativas 2. Brincadeiras na educação 3. Sala de aula – Direção I. Título.

04-1860   CDD-371.397

Índices para catálogo sistemático:

1. Brincadeiras como proposta pedagógica :
     Educação   371.397

2. Brincadeiras na sala de aula : Educação
     371.397

Angela Cristina Munhoz Maluf

Brincadeiras para sala de aula

EDITORA VOZES

Petrópolis

© 2004, Editora Vozes Ltda.
Rua Frei Luís, 100
25689-900 Petrópolis, RJ
www.vozes.com.br
Brasil

Todos os direitos reservados. Nenhuma parte desta obra poderá ser reproduzida ou transmitida por qualquer forma e/ou quaisquer meios (eletrônico ou mecânico, incluindo fotocópia e gravação) ou arquivada em qualquer sistema ou banco de dados sem permissão escrita da editora.

CONSELHO EDITORIAL

Diretor
Gilberto Gonçalves Garcia

Editores
Aline dos Santos Carneiro
Edrian Josué Pasini
Marilac Loraine Oleniki
Welder Lancieri Marchini

Conselheiros
Francisco Morás
Ludovico Garmus
Teobaldo Heidemann
Volney J. Berkenbrock

Secretário executivo
João Batista Kreuch

Editoração e org. literária: Ana Kronemberger
Revisão de texto: Maria Dalva Knapp
Capa: André Gross

ISBN 978-85-326-3008-7

Editado conforme o novo acordo ortográfico.

Este livro foi composto e impresso pela Editora Vozes Ltda.

*Aos meus filhos: João Guilherme e Gustavo;
Aos meus sobrinhos: Pedro Arthur e Daniel.
Às minhas sobrinhas: Mariana e Catharina, Fabiana e
Clarissa, Marina e Fernanda.
A todas as crianças que desejam viver e aprender de um
jeito proveitoso, atraente e divertido.*

Sumário

Prólogo, 11

Introdução, 13

Brincadeiras

1. Dança do jornal, 17

2. O que é, o que é?, 18

3. Chapéu ao alto, 19

4. Lá vai o caminhão..., 20

5. Bobeou, perdeu o lugar, 22

6. Irmão encontra irmão, 24

7. Acorda, gatinho!, 25

8. Não respondeu, vira estátua, 26

9. O cachorro e o gato, 28

10. Corrida do barbante, 29

11. Feche a porta, 30

12. Memorizando, 31

13. Domador, 32

14. Macaco Simão, 33

15. Corrida de balões, 35

16. Trenzinho, 36

17. Quem sou eu?, 37

18. Corrida da maçã, 38

19. Carta curiosa, 39

20. Quem é o fantasma?, 40

21. Uma manga, meia laranja, 41

22. Prenda surpresa, 42

23. Complete a frase, 43

24. Rir sem querer, 44

25. Viagem, 45

26. Impossível, 46

27. Amigo ou amiga?, 47

28. A corrida dos troféus, 49

29. Marionete, 50

30. Quando..., 51

31. O presente, 52

32. Loja de fitas, 54

33. O robô, 56

34. Subindo no poleiro, 57

35. Melancia, 58

36. Formando grupos, 59

37. Qual é a palavra?, 60

38. Tip-top, 61

39. Você viu?, 63

40. O corpo fala, 65

41. Choque, 67

42. Ladrão, 68

43. Cuide do seu ninho, 69

44. Ganhar ou perder, 71

45. Terreno minado, 72

46. Jacaré, 73

47. Anel no palito, 75

48. João-Bobo, 76

49. Desafio das profissões, 77

50. Número certo, 78

Referências, 79

Prólogo

A escola hoje tem como preocupação fundamental o atendimento ao aprendiz. Esse sujeito, historicamente construído à medida que estabelece relações e inter-relações, constrói o conhecimento que lhe possibilita compreender e transformar a realidade. Entretanto, esse processo, na escola, deve ocorrer de forma sistemática e metodicamente orientada para que a aprendizagem aconteça. A questão crucial, portanto, é de conteúdo e forma, ou seja, o que é ensinar? Como ensinar? Na percepção de uma educação crítica a construção de aprendizagens significativas é condição imprescindível para a formação da cidadania. Para tanto é necessário que a escola se transforme num espaço agradável, alegre, impulsionador da interatividade, do diálogo aberto. Para o alcance do objetivo maior que é o "aprender a aprender", um dos recursos metodológicos que vem sendo apontado como viabilizador desse processo é o brincar. Toda a criança gosta de brincar. Considerar a brincadeira como estratégia de ensino e aprendizagem é compreender que a criança administra a sua relação com o outro e com o mundo permeada pelo uso de brinquedos.

Pensar a prática pedagógica a partir das atividades lúdicas nos conduz a pensar em mudanças significativas para o contexto educacional, já que nos remete à codificação do espaço escolar na perspectiva de uma prática integradora e dinâmica, cuja prioridade é despertar não apenas o desenvolvimento cognitivo do aprendiz, mas abranger todas as dimensões que compõem a plenitude deste, enquanto ser humano.

É relevante resgatar "o lúdico" no contexto escolar, de modo que esse processo trabalhe com a diversidade cultural e desperte a vontade para o aprender. Acreditar no brincar como subsídio para a construção do conhecimento é possibilitar uma aprendizagem prazerosa e significativa.

Maria do Socorro de Góis
Mestre em Educação

Introdução

As brincadeiras despertam atenção e curiosidade não só na criança como em qualquer ser humano, deixando-o livre para aprender.

Sabemos que é possível ao ser humano adquirir e construir o saber, brincando. Por meio das brincadeiras podemos desenvolver nosso senso de companheirismo; brincando, individualmente ou em grupos, vivemos uma experiência que enriquece nossa sociabilidade e nossa capacidade de nos tornarmos mais criativos. Aprendemos a conviver, aprendemos a ganhar ou perder, a esperar nossa vez, lidamos melhor com possíveis frustrações, aumentamos a nossa motivação e conseguimos uma participação satisfatória.

As brincadeiras são admiráveis instrumentos de realização para o ser humano, especialmente para as crianças; reúnem potencialidades, desenvolvem iniciativas, exercitam capacidades de concentrar a atenção, descobrir, criar e, especialmente, de permanecer em atividade. Está claro que as brincadeiras desempenham um papel decisivo para converter as crianças de nossos dias em adultos maduros, com grande imaginação e autoconfiança.

A finalidade deste livro é mostrar que as brincadeiras são de grande valor na construção do conhecimento, por permitirem que qualquer ser humano se relacione com o mundo que o rodeia, adquirindo qualidades fundamentais para seu desenvolvimento físico, mental e social. Acredito que todos nós merecemos viver com alegria, prazer e amor à vida, em especial a criança para que possa viver sua infância de forma intensa e plena.

A brincadeira é o caminho que percorremos felizes, expressando o que nos vai no coração, revelando o nosso eu autêntico, nosso modo livre e criador de curtir a vida; viramos crianças quando já não o somos mais. A diferença para as crianças é que vivem ainda um tempo mesmo de ser criança, de brincar.

Brincadeiras

1. Dança do jornal

Material: Folha de jornal, aparelho de som, CD ou fita cassete.

Objetivos: Estimular a sociabilização, a expressão corporal e a percepção espacial.

Formação: Alunos dispostos em pares.

Desenvolvimento: A um sinal do professor, deverão dançar ao som de uma música sobre uma folha de jornal sem rasgá-la ou sair fora dela. Os pares que saírem ou rasgarem a folha de jornal vão saindo da brincadeira.

Os vencedores serão os pares que não saírem de cima do papel nem rasgarem a folha de jornal.

Pode-se incrementar a brincadeira, alternando entre diferentes ritmos musicais, mais lentos, mais rápidos, que exijam a execução de passos específicos etc.

2. O que é, o que é?

Material: Nenhum.

Objetivos: Estimular a concentração, a atenção, e o senso de humor.

Formação: Alunos dispostos em círculo, sentados no chão.

Desenvolvimento: Enquanto os alunos, dispostos em círculo, permanecem sentados no chão, um aluno sai da sala por alguns minutos. Os colegas escolhem um objeto. Não precisa ser um objeto da sala de aula; pode ser qualquer objeto escolhido pelo grupo. O aluno retorna e tenta adivinhar qual é o objeto escolhido, formulando perguntas aos colegas e recebendo pistas dos mesmos. Por exemplo: o aluno que saiu da sala dirige-se a um dos colegas, perguntando: *É grande? Faz barulho? É azul?* Os colegas só podem responder *sim* ou *não*. Quando o aluno que saiu da sala conseguir adivinhar o objeto, o colega que deu a pista é quem vai se ausentar para adivinhar.

3. Chapéu ao alto

Material: Chapéu.

Objetivos: Desenvolver agilidade, atenção, prontidão de reação e coordenação motora.

Formação: Alunos em círculo.

Desenvolvimento: Um participante comandará a brincadeira. Os alunos obedecem ao comando deste líder que dará ordens, tais como: bater palmas, rir, chorar, girar, coçar a cabeça etc. Em um dado momento ele jogará um chapéu ao alto. Os alunos continuam obedecendo às ordens do líder, enquanto o chapéu não tocar o chão. No instante em que o chapéu cair no chão todos devem parar com os movimentos que estavam executando. Aquele dentre os participantes que continuar com os movimentos sai da brincadeira.

4. Lá vai o caminhão...

Material: Nenhum.

Objetivos: Estimular a concentração, atenção, percepção visual e audição.

Formação: Alunos sentados em círculo.

Desenvolvimento: O professor começa o jogo dizendo: *Lá vai o caminhão carregado de...* (nomes de legumes, frutas etc.). Um aluno de cada vez deverá falar uma palavra, que corresponda ao mesmo tipo de produto indicado pelo professor. Por exemplo, o professor diz: *Lá vai o caminhão carregado de maçãs.* Os alunos deverão dizer nomes de várias frutas. O aluno que disser uma fruta que já foi nomeada pelo colega, ou falar uma palavra sem sentido, ou demorar a falar a palavra, sai da brincadeira. Assim seguem brincando, alternando entre frutas, legumes e outras variações. Nestas variações entra a criatividade do professor, inserindo na brincadeira seu conteúdo programático, tais como: profissões, meios de transportes, produtos industrializados.

Pode-se variar a brincadeira, fazendo com que o caminhão, em vez de ir carregado, esteja viajando para as capitais dos estados ou para as cidades de um estado predeterminado pelos alunos ou pelo professor, de acordo com os temas em estudo.

5. Bobeou, perdeu o lugar

Material: Giz.

Objetivos: Estimular a atenção e pronta reação.

Formação: Alunos espalhados pela sala. No chão, desenhados em giz, círculos, triângulos, retângulos e quadrados.

Desenvolvimento: As figuras desenhadas no chão deverão ser em número inferior ao número de alunos. Ao sinal convencionado pelo professor, os alunos correm, livremente, por fora das figuras geométricas demarcadas no chão. A um outro sinal do professor cada aluno procura ocupar uma das figuras. O aluno que não conseguir ocupar nenhuma figura geométrica perde pontos; a brincadeira continua, não sendo excluído nenhum aluno no decorrer da mesma. Será vencedor aquele que tiver menos pontos perdidos.

Esta é uma brincadeira semelhante a outras no estilo: "Encontre sua casinha", "Coelhinho sai da toca" etc. Destacamos que, na brincadeira aqui apresentada, todas as crianças participam até o final. A contagem de pontos não "perdidos" é um fator motivador.

6. Irmão encontra irmão

Material: Aparelho de som, CD ou fita cassete.

Objetivos: Estimular a atenção, rapidez de reação, companheirismo e boas atitudes na mudança de situação.

Formação: Alunos em duplas.

Desenvolvimento: Cada um escolhe um irmão ou uma irmã com quem quer dançar. Quando a música começa a tocar, cada um dança próximo do seu irmão. Ao sinal do professor separam-se dele, continuando a dançar livremente, procurando distanciar-se do seu par. A um outro sinal, deverão rapidamente encontrar o irmão, abraçando-se ou cumprimentando-se. Os pares que demorarem a achar o irmão ou que, propositadamente, não se distanciarem dele durante a dança, vão saindo da brincadeira. A brincadeira termina quando somente restar um par de irmãos dançando.

7. Acorda, gatinho!

Material: Nenhum.

Objetivos: Estimular a rapidez de reação, atenção, percepção visual, audição, estruturação espacial e temporal.

Formação: Alunos em círculo com o "gato" no centro.

Desenvolvimento: Os alunos formam um círculo, tendo ao centro um colega ou uma colega que será o gato ou a gata. Aquele que ficar no meio do círculo deverá fingir que está dormindo, resistindo em acordar. Os colegas, andando em círculo, tentarão acordar o gato. Para acordá-lo, eles cantam assim: *Acorda gatinho(a), gatinho(a) manhoso(a)*, adaptando a melodia a alguma canção popular que conheçam, ou criando uma melodia própria. Quando o gatinho resolver acordar, deverá dar um grito, um miado e um pulo de gato, tocando com uma das patas em alguém. O aluno que for tocado pelo gato será o gato manhoso, na sequência da brincadeira.

8. Não respondeu, vira estátua

Material: Nenhum.

Objetivos: Estimular a concentração, atenção, coordenação motora, estruturação espacial e temporal, percepção visual e audição.

Formação: Alunos dispostos em fila única no fundo da sala e de frente para o professor.

Desenvolvimento: Cada aluno deve escolher o nome de um animal, flor ou fruta, comunicando-o, em segredo, ao professor. O professor, posicionado diante dos alunos, chamará um dentre os diversos nomes de animais que lhe foram informados. O aluno, cujo animal tiver sido chamado, deverá dar três passos à frente e dizer o seu nome. Caso o aluno demore em sair do lugar ou se disser o nome do animal, flor ou fruta em vez do seu nome, deverá ficar em posição de estátua. Permanecerá nesta posição até que um companheiro, que não conseguiu responder adequadamente, tome o seu lugar. A brincadeira termina quando todos os alunos forem chamados, ou quando não mais se mostrarem interessados pela brincadeira.

9. O cachorro e o gato

Material: Um lenço.

Objetivos: Estimular a concentração, atenção, audição, estruturação espacial e temporal.

Formação: Alunos em círculo, tendo ao centro um que será o cachorro e outro que será o gato.

Desenvolvimento: Os alunos escolhem dois colegas: um para ser o gato e o outro para ser o cachorro. Após a escolha, o aluno que será o cachorro deverá vendar os olhos com um lenço. Os demais alunos deverão ficar em círculo dentro do qual deverão ficar o "cachorro e o gato". A um sinal do professor, o gato começa a miar e o cachorro, de olhos vendados, tentará pegar o gato. Quando o cachorro conseguir pegar o gato, outros alunos poderão participar da brincadeira, sendo cachorro ou gato. A brincadeira termina quando todos tiverem sido o cachorro ou o gato, ou quando mostrarem desinteresse pela brincadeira.

10. Corrida do barbante

Material: Rolos de barbante.

Objetivos: Desenvolver destreza, agilidade e espírito de equipe.

Formação: Alunos sentados em suas carteiras, arrumadas em colunas com o mesmo número de participantes.

Desenvolvimento: O primeiro aluno de cada equipe receberá um rolo de barbante. Ao sinal do professor, o primeiro de cada fileira deverá levantar-se, passar duas vezes o rolo de barbante ao redor de sua cintura e, em seguida, passar o rolo de barbante para o companheiro seguinte, sentando-se. Este receberá o rolo de barbante e repetirá a ação e assim sucessivamente. O último da fileira passará a executar a ação ao contrário: desenrolará da cintura e enrolará o barbante no rolo, sentando-se. Vencerá a equipe cujo primeiro jogador colocar sobre a carteira o rolo de barbante devidamente enrolado.

11. Feche a porta

Material: Nenhum.

Objetivos: Estimular a atenção, percepção visual e reação rápida.

Formação: Alunos em círculo, de mãos dadas, sendo que um permanece fora do círculo.

Desenvolvimento: Alunos na formação solicitada, atentos. Ao sinal do professor o aluno que está do lado de fora corre ao redor do círculo devendo bater nas costas de um dos colegas. O colega que sentir o toque em suas costas deverá sair do seu lugar e correr no sentido contrário ao do colega que está correndo fora do círculo. Ao sair do seu lugar no círculo, estará deixando a porta aberta, já que seus colegas vizinhos não podem dar-se as mãos para fechar a porta. Os dois colegas correm com o objetivo de fechar a porta. A brincadeira prossegue com a criança que não conseguir chegar a tempo para fechar a porta. A mesma dará sequência à brincadeira, correndo ao redor do círculo e batendo nas costas de outro colega.

12. Memorizando

Material: Nenhum.

Objetivos: Desenvolver a memória, criatividade e atenção.

Formação: Formar várias colunas com o mesmo número de alunos. Os alunos deverão estar sentados em suas carteiras.

Desenvolvimento: Ao sinal do professor, o primeiro aluno de cada coluna levanta-se, rapidamente, toca um objeto qualquer, pronuncia o nome do objeto e volta para o seu lugar. Sai o aluno da coluna seguinte, toca o mesmo objeto que o colega tocou, repete o nome do objeto, toca outro objeto pronunciando o seu nome também. E assim sucessivamente. O aluno que não esquecer nenhum objeto e acertar a ordem contará ponto para a sua equipe. Vence a brincadeira o grupo que tiver mais pontos.

13. Domador

Material: Um bastão de domador.

Objetivos: Estimular a atenção, coordenação, audição, percepção visual, o companheirismo, a estruturação espacial e temporal.

Formação: Alunos divididos em grupos, tendo ao centro da sala o professor ou um colega para coordenar a brincadeira, sendo o Domador.

Desenvolvimento: Cada grupo deverá escolher ser um determinado animal, comunicando sua escolha ao Domador. Ao centro, o Domador caminhará de um lado para o outro e, movimentando o bastão, anunciará: *Aqui, quero todos os cachorros.* Os alunos que escolheram ser cachorros deverão ir ao centro desfilar pela sala, imitando cachorro. Em seguida voltam aos seus lugares. Outros grupos são chamados pelo Domador e deverão fazer o mesmo, imitando o animal a sua escolha. No final o comando do Domador anuncia: *Agora, o desfile de todos os animais.* Todos os alunos deverão desfilar, imitando o animal que escolheram ser na brincadeira.

14. Macaco Simão

Material: Nenhum.

Objetivos: Desenvolver a atenção, coordenação motora, senso de humor, agilidade e concentração.

Formação: Alunos em semicírculo.

Desenvolvimento: A brincadeira consiste em seguir ordens dadas pelo professor. Estas ordens, porém, só deverão ser seguidas pelos alunos quando forem precedidas da expressão "Macaco Simão", como, por exemplo: *Macaco Simão, senta, Macaco Simão, pula etc.* Caso o professor diga apenas "Macaco pula", ou "Simão, gira" ou, simplesmente, "Pula", entre outras expressões, a ordem não deverá ser seguida pelos alunos, devendo os mesmos permanecer na posição em que se encontram. Os alunos que executarem qualquer ação não precedida pela expressão "Macaco Simão" sairão da brincadeira. Será vencedor o aluno que ficar até o final.

Esta brincadeira fez parte da infância de muitos educadores que assim poderão resgatar esta e outras brincadeiras populares, trazendo para o cotidiano da sala de aula vivências lúdicas que tão facilmente se perdem no tempo.

15. Corrida de balões

Material: Balões.

Objetivos: Estimular a coordenação, atenção, destreza e espírito de equipe.

Formação: Alunos sentados em carteiras, formando colunas, devendo o último de cada coluna estar com um balão.

Desenvolvimento: Os alunos que estiverem com balões deverão colocá-los no chão e se posicionar de joelhos. A um sinal do professor, de joelhos, soprarão o balão até a primeira carteira de sua coluna. Durante esta ação, os colegas da equipe passam a deslocar-se para a carteira atrás da sua, deixando a primeira carteira livre para ser ocupada pelo colega que está com o balão. Cada vitória obtida pela equipe conta um ponto. Quando os condutores de balões de cada equipe estiverem sentados na 1ª carteira, levarão o balão ao seu companheiro de equipe que está sentado na última carteira. A brincadeira tem continuidade com o próximo participante de cada coluna. Vence a brincadeira a equipe que contar mais pontos.

16. Trenzinho

Material: Nenhum.

Objetivos: Estimular a memória, atenção, agilidade e pronta reação.

Formação: Alunos em círculo.

Desenvolvimento: Primeiramente os alunos deverão ficar em círculo, e depois deverão formar um trem. O professor diz ao ouvido de cada participante uma parte do trem. Depois, ele diz: *O trenzinho quer sair, mas estão faltando as rodas.* Os alunos que são as rodas saem correndo e colocam-se atrás do professor, segurando um a um na cintura do outro. Depois o professor continua dizendo: *O trenzinho quer sair, mas estão faltando as janelas.* E assim por diante, todas as partes do trem são chamadas. O trenzinho só sairá quando estiver completo, com todas as partes.

Pode-se sair pela sala, imitando o trem, seu barulho, apito, movimentos de curvas etc. Da mesma forma pode-se variar o tipo de transporte, obedecendo às características de cada veículo.

17. Quem sou eu?

Material: Papel e caneta, caixa ou boné.

Objetivos: Estimular a concentração, atenção, criatividade e senso de humor.

Formação: Alunos sentados em suas carteiras em círculo.

Desenvolvimento: Cada aluno deverá escrever seu nome em um pedaço de papel e depositá-lo em um boné ou caixa. O professor mistura bem os papéis; a seguir cada aluno retira um, fazendo uma descrição escrita do colega cujo nome ele tirou. A descrição deve ser bem curta. O professor pode estabelecer um tempo para a produção, avisando quando este tempo estiver quase esgotado. Recolhem-se todas as descrições que, a seguir, são lidas em voz alta. Atribuem-se pontos aos alunos que descobrirem o colega cuja descrição o professor está lendo.

18. Corrida da maçã

Material: Maçãs.

Objetivos: Desenvolver o equilíbrio, concentração e espírito de equipe.

Formação: Alunos sentados em suas carteiras, arrumadas em colunas com número igual de participantes.

Desenvolvimento: Os últimos de cada coluna recebem uma maçã. Ao sinal do professor, colocam a maçã em cima da cabeça, levantam-se e caminham, da forma mais rápida possível, até a 1ª carteira. Durante este tempo, os demais passam a deslocar-se uma carteira para trás, a fim de deixar livre a da frente que deverá ser ocupada pelo "condutor" da maçã. A maçã volta ao local de início, ou seja, ao final da coluna, e a brincadeira recomeça.

19. Carta curiosa

Material: Caneta e folha de papel.

Objetivos: Desenvolver a criatividade, agilidade mental e o vocabulário.

Formação: Alunos sentados em suas carteiras.

Desenvolvimento: Ao sinal do professor, cada aluno deverá escrever uma carta, cujas palavras comecem todas pela mesma letra (preestabelecida). O professor dirá ou sorteará a letra escolhida. Por exemplo: letra "G". E os alunos deverão escrever, livremente, mas com certo sentido. "Ganhei gatos, galinha gostou. Gorilas gargalharam, gotas gelaram e girafas giraram." Vencerá o aluno que escrever uma carta, de acordo com o estabelecido, que contenha o maior número de palavras e num prazo determinado (2 a 3 minutos).

20. Quem é o fantasma?

Material: Um lençol.

Objetivos: Desenvolver a observação, a concentração.

Formação: Escolhem-se 5 a 6 alunos para ausentar-se da sala. Os alunos que permanecerem na sala devem colocar-se em círculo, sentados em suas carteiras.

Desenvolvimento: Ao sinal do professor, entra na sala, totalmente coberto por um lençol, um dos alunos que se encontram fora da sala. Os alunos que ficaram na sala procuram descobrir quem é o fantasma, quem é o colega que está debaixo do lençol. O fantasma ficará na sala de 1 a 2 minutos e, se não for identificado, sai para ser substituído por outro, e assim continua a brincadeira até que todos tenham participado. O fantasma pode usar vários recursos para não ser identificado, tais como: trocar os calçados, agachar-se etc.

21. Uma manga, meia laranja

Material: Nenhum.

Objetivos: Desenvolver a atenção, o raciocínio e a agilidade de expressão.

Formação: Alunos em círculo, sentados em suas carteiras ou no chão.

Desenvolvimento: O professor inicia a brincadeira dizendo a seguinte frase: "Uma manga, meia laranja e X banana". No lugar do "X", dirá o nome de um aluno, que deverá repetir a frase e, rapidamente, chamar outro nome. O aluno cujo nome foi chamado deverá dar sequência, sem demora, à brincadeira. Aquele que errar é eliminado.

Nesta brincadeira deve-se evitar repetir o nome dos mesmos alunos, dando a todos oportunidade de participação.

22. Prenda surpresa

Material: Papel, caneta.

Objetivos: Desenvolver boas atitudes na aceitação das prendas, imaginação, criatividade e senso de humor.

Formação: Alunos em círculo, sentados no chão.

Desenvolvimento: O professor iniciará a brincadeira, fazendo circular uma caixinha entre os alunos sentados no chão. Enquanto a caixinha passa de mão em mão, deve-se cantar a melodia. "Pirulito que bate-bate". Ao término da música, quem estiver com a caixinha na mão deverá pagar uma prenda, sorteada de dentro da caixinha. Ex.: Deverá cantar a melodia "Pirulito que bate-bate", imitando um gago; poderá imitar um colega, o professor, a mãe, desempenhando determinada função. A brincadeira continua, até que todos os papéis da caixinha que contém as prendas sejam abertos.

23. Complete a frase

Material: Nenhum.

Objetivo: Trabalhar oralmente as palavras, despertando a atenção, a criatividade e a iniciativa.

Formação: Alunos dispostos em círculo.

Desenvolvimento: O professor deve dizer uma frase qualquer. O participante seguinte deverá dizer a última palavra que o participante anterior falou e completar a frase. Ex.: *Maria comeu manga; a manga é muito saborosa. Saborosa também é a laranja.* A brincadeira prossegue, aumentando as frases até alguém errar, quando então se reinicia com nova frase.

24. Rir sem querer

Material: Nenhum.

Objetivo: Desenvolver a sociabilidade, espírito de equipe, percepção visual, habilidades e concentração.

Formação: Formar duas equipes, com o mesmo número de participantes. Os alunos deverão posicionar-se dois a dois, um de frente para o outro.

Desenvolvimento: Estando os alunos em posição, o monitor irá dizer qual a equipe que fará o seu adversário rir. Ao comando do professor, a equipe designada tentará fazer o seu adversário rir. Não é permitido tocar no adversário; apenas falar, fazer mímicas e usar de estratégias para fazê-lo rir. Quando um dos participantes fizer seu adversário rir, deverá ajudar os outros colegas da mesma equipe a fazer rir os integrantes da outra equipe. Depois se invertem os papéis.

25. Viagem

Material: Nenhum.

Objetivo: Despertar a atenção, destreza, adquirir conhecimentos gerais sobre cidades, estados ou países, além de estimular a percepção visual e a audição.

Formação: Os alunos formam um círculo, exceto um que ficará no centro do círculo.

Desenvolvimento: Posicionados em círculo, todos escolherão nomes de países, cidades ou estados. O participante do centro dirá: *Vou viajar de X para Y*. Os representantes dos países, cidades ou estados que o aluno do centro citou trocam de lugar imediatamente; enquanto isso, o aluno que está no centro do círculo tentará ocupar um dos lugares. O aluno que ficar sem lugar terá que ficar no centro do círculo, dando continuidade à brincadeira.

26. Impossível

Material: Nenhum.

Objetivo: Estimular a descontração, sociabilidade, criatividade, expressão verbal, percepção visual e auditiva.

Formação: Alunos sentados em círculo.

Desenvolvimento: Ao sinal do professor, cada aluno terá que dizer uma coisa impossível. Exemplo: *Eu vi um tatu andando de guarda-chuva na rua. Eu vi uma galinha abotoando a blusa.* Assim sucessivamente. Sai da brincadeira quem disser uma coisa que não seja impossível, de acordo com a natureza do animal em questão, ou de outro ser ou elemento citado na brincadeira.

27. Amigo ou amiga?

Material: Nenhum.

Objetivo: Estimular a atenção, percepção visual e audição.

Formação: Alunos divididos em dois grupos.

Desenvolvimento: A brincadeira começa com um dos grupos escolhendo um participante que se deverá ausentar da sala por alguns instantes. O grupo adversário escolhe um objeto qualquer, que poderá estar ou não na sala e que será o objeto de adivinhação do colega ausente. O professor chamará o aluno que fará as seguintes perguntas, referindo-se ao gênero do objeto escolhido.

– É amiga ou amigo?

Todos respondem se é amigo ou amiga (Ex.: "porta" é amiga, pois pertence ao gênero feminino). Quando é amigo pertence ao gênero masculino. Em seguida o adivinhador perguntará ao grupo adversário se o objeto é grande, pequeno, o que faz, enfim buscará características que facilitem a identificação do objeto. Pode-se limitar o número de perguntas para evitar abuso do adivinhador e demora excessiva da brincadeira.

Os alunos do grupo adversário responderão às perguntas.

Após ouvir as respostas, o adivinhador terá duas chances para acertar de que objeto se trata. Se acertar marcará pontos para o seu grupo e apontará um novo membro que deverá reiniciar a brincadeira. Caso ele não acerte o objeto escolhido, um membro do outro grupo tomará o seu lugar dando continuidade à brincadeira.

28. A corrida dos troféus

Material: Pequenos objetos (troféus) tais como: botões, garrafas plásticas, latas, tampas de garrafa, lápis, tesouras, brinquedos etc.

Objetivos: Estimular a atenção, agilidade e honestidade.

Formação: Alunos divididos em 2 ou 3 grupos.

Desenvolvimento: Os objetos selecionados são colocados no centro da sala. Divide-se a sala em dois ou três grupos. Ao sinal do professor, um aluno de cada grupo iniciará a corrida para trazer objetos para o seu grupo, podendo apanhar apenas um objeto de cada vez. Estabelece-se um tempo (30 segundos, por exemplo) durante o qual o representante da equipe procurará trazer troféus. Vence a brincadeira o grupo que apanhar maior quantidade de objetos. Decorrido o tempo predeterminado os representantes de cada grupo devem ser substituídos, reiniciando-se a brincadeira.

29. Marionete

Material: Nenhum

Objetivos: Socializar, relaxar o corpo tornando os movimentos mais livres, criativos e flexíveis.

Formação: Alunos dispostos em pares.

Desenvolvimento: Os alunos, cada um com seu par, posicionam-se um diante do outro. Um aluno será a marionete e o outro o manipulador. O manipulador pega a marionete pelo braço ou pela cintura, de acordo com o que achar melhor, e brinca com ela criando e inventando movimentos típicos de marionete. Depois se invertem os papéis.

Pode-se incrementar a brincadeira, selecionando alguns alunos para serem a comissão julgadora que atribuirá nota ou pontos para a melhor dupla.

30. Quando...

Material: Nenhum.

Objetivos: Estimular a criatividade, imaginação, audição, atenção e senso de humor.

Formação: Alunos dispostos em círculo.

Desenvolvimento: O professor inicia a brincadeira dizendo: *Quando eu comi feijoada...*, o aluno seguinte completa: *eu fiquei com dor de barriga*. O outro diz: *Eu adorei! Estava ótima!* Assim continua a brincadeira até que um aluno erre, não dando sentido à frase, ou que demore muito em dar continuidade à frase. Vão saindo da brincadeira aqueles que forem errando, até a maioria ser eliminada ou até os alunos perderem o interesse.

31. O presente

Material: Uma caixa ou pacote de presente.

Objetivos: Descontrair, alegrar, socializar e estimular a memória.

Formação: Alunos sentados em círculo.

Desenvolvimento: O professor, sentado em círculo com os alunos, inicia a brincadeira dizendo:

– Fulano(a), (diz o nome de um dos alunos do círculo) receba este presente que o(a) _____ (diz o nome da pessoa sentada à sua direita) lhe enviou.

O professor entrega o presente ao aluno nomeado para recebê-lo. Este deve proceder da mesma forma, repetindo o nome dos que já participaram da brincadeira e acrescentando o nome do novo participante, recebedor do presente. Por exemplo:

– *Marcos, receba o presente que Ana lhe envia.*

Marcos continuará:

– *André, receba o presente que Ana e Marcos lhe enviam.*

André dirá:

– *Luís, receba o presente que André, Ana e Marcos lhe enviam.*

Desta forma a brincadeira continua. Quem trocar ou esquecer algum nome passará a ser chamado pelo nome de uma fruta, como, por exemplo, banana, abacaxi, maçã etc. Quando tiverem que se referir a ele(a), em vez de dizerem o seu nome, devem chamá-lo pelo nome da fruta. Quanto mais rápida for a brincadeira, mais engraçada fica.

32. Loja de fitas

Material: Nenhum.

Objetivos: Estimular a criatividade, adquirir conhecimentos de matemática, sobre compra e venda, noções de cores, socialização e descontração.

Formação: Alunos sentados em suas carteiras ou no chão, um ao lado do outro.

Desenvolvimento: Um dos alunos será o comprador, outro será o vendedor. Os demais alunos serão as fitas. Todos serão uma cor (laranja, verde, amarelo, verde-escuro), de acordo com a escolha de cada um.

A brincadeira começa quando a compradora entra na loja e se desenrola o seguinte diálogo:

– Tem fita?

A vendedora diz:

– Que cor?

A compradora diz:

– Amarela.

– Tem.

– Quanto custa?

– R$ 3,00 (três reais) o metro.

– Quero levar dois metros (ou três, ou quatro, conforme a preferência).

A vendedora vai até o aluno que representa a cor amarela; imediatamente o aluno se levanta e o vendedor gira o aluno tantas vezes quantos forem os metros que a compradora levará da fita. Neste caso a vendedora irá girar o aluno apenas duas vezes. Caso não tenha a cor da fita na loja, a vendedora diz que não tem, oferecendo outras cores. E a brincadeira segue, com a substituição de alunos no papel de vendedor, comprador e fitas. Encerra-se a brincadeira quando os alunos tiverem passado por, pelo menos, dois papéis.

Esta é mais uma brincadeira resgatada das vivências lúdicas de quando ainda era possível brincar na rua.

33. O robô

Material: Nenhum.

Objetivos: Estimular a concentração, desenvolver a coordenação motora e o senso de humor.

Formação: Alunos dispostos em duplas.

Desenvolvimento: Um dos participantes será o robô, e o outro deverá ser o proprietário do robô. O proprietário deverá tocar em alguma parte do corpo do robô. Ex.: nariz. O robô, após ser tocado no nariz, deverá mexer o nariz, espirrar etc. e assim, continuadamente, tocando outras partes do corpo as quais devem ser movimentadas, imitando sempre um robô.

34. Subindo no poleiro

Material: Mesas, cadeiras, banquetas, caixotes, escadas etc.

Objetivos: Desenvolver as habilidades motoras, estimular a atenção, percepção visual e a audição.

Formação: Alunos andando livremente pela sala.

Desenvolvimento: Alunos à vontade, andando pela sala, podendo até ser ao som de uma música ou conversando com os colegas. Quando o professor disser: "Galinha e galo no poleiro", ou "Todos para o poleiro", os alunos deverão subir em qualquer lugar, não ficando com os pés em contato com o solo. O aluno que não conseguir subir em algum poleiro sai da brincadeira.

35. Melancia

Material: Nenhum.

Objetivos: Socializar, adquirir conhecimentos de compra e venda, estimular a atenção, criatividade e concentração.

Formação: Os alunos deverão ficar um ao lado do outro, formando um semicírculo.

Desenvolvimento: Dois alunos serão escolhidos, sendo um o comprador e o outro o vendedor. Os que estão no semicírculo serão melancias. O comprador, na hora de comprar a melancia, deve bater na cabeça de todos e escolher uma. O vendedor deve destacar as qualidades de cada melancia, procurando vendê-las. A brincadeira torna-se cada vez mais divertida na medida em que o comprador falar expressões engraçadas, como: *esta é bem gordinha, esta aqui está madura, esta tomou muito sol* etc. Diante das expressões do comprador, a melancia em questão ou o seu vendedor deverão destacar suas qualidades, ou a melancia deverá defender-se, conforme o caso.

36. Formando grupos

Material: Nenhum.

Objetivos: Estimular a atenção, concentração, destreza e reação rápida.

Formação: Todos os alunos deverão ficar à vontade na sala de aula.

Desenvolvimento: Ao sinal do professor e conforme suas ordens, os participantes deverão formar grupos seguindo determinadas orientações. Ex.: formar grupos de alunos que estão de tênis; grupo dos que estão de calça ou bermuda *jeans*, de camiseta branca, que têm o cabelo preto etc. Deve-se estipular o número máximo de alunos de cada equipe. A brincadeira termina quando não mais houver interesse dos participantes.

Pode-se incrementar a brincadeira sorteando uma atividade ou tarefa para cada equipe.

Esta técnica de formação de grupos pode ser utilizada para realização de atividades, estudos em grupo ou outras tarefas pedagógicas coletivas.

37. Qual é a palavra?

Material: Quadro e giz.

Objetivos: Estimular a atenção, concentração, percepção visual, imaginação e criatividade.

Formação: Todos os alunos sentados em suas carteiras.

Desenvolvimento: O professor escreve no quadro de 5 a 10 palavras, sem as vogais. Ex.: FTBL (futebol), HSPTL (hospital), TRBLH (trabalho) etc. Os alunos terão dois minutos para descobrir as palavras. Quem acertar mais palavras conta pontos. A brincadeira pode ter uma variante em que os alunos, divididos em equipes, tentam descobrir as palavras. Será vencedora a equipe que concluir primeiro e corretamente a tarefa.

Nesta brincadeira podem ser priorizadas palavras com determinadas características ortográficas, procurando sanar dificuldades de ortografia, como, por exemplo, o uso de: ss, z, c, ç, j, g, l e u entre outras. É também uma atividade interessante para crianças em fase de alfabetização, de acordo com o nível em que se encontrem.

38. Tip-top

Material: Nenhum.

Objetivos: Estimular as habilidades perceptivo-motoras, atenção, concentração, memorização, agilidade e reação rápida.

Formação: Alunos à vontade na sala, de frente para o professor.

Desenvolvimento: O professor dará códigos para os alunos. Cada código indicará uma tarefa que eles deverão executar. Todos os alunos deverão memorizar estes códigos:

– Tip – pular

– Tip-tip – bater palmas

– Tip-top – levantar

– Top – sentar

– Top-top – abraçar um colega

Após os alunos terem memorizado os códigos, o professor inicia a brincadeira falando um dos códigos e os alunos, rapidamente, deverão executar a tarefa referente ao código citado. Quem não acertar na tarefa que deve ser executada ou demorar a executá-la, sai da brincadeira. Outros códigos poderão ser acrescentados.

39. Você viu?

Material: Nenhum.

Objetivos: Estimular a atenção e a audição, desenvolver a criatividade, imaginação e o senso de humor.

Formação: Alunos em círculo, sentados em suas carteiras.

Desenvolvimento: O professor inicia a brincadeira, dizendo ao aluno da sua direita:

– Você viu?

O aluno responderá:

– O quê?

O professor diz:

– Uma cobra (e faz o movimento dela com as mãos).

O aluno continuará a brincadeira fazendo a mesma pergunta para o seu colega da direita:

– Você viu?

O colega irá dizer:

– O quê?

Em resposta, o colega que perguntou fará mímicas que caracterizem um animal para que o colega o identifique. Assim, sucessivamente, segue a brincadeira. O aluno que repetir um animal já citado ou não prestar atenção à pergunta sairá da brincadeira ou então pagará uma prenda, de acordo com o que foi estipulado pelo grupo.

40. O corpo fala

Material: Nenhum.

Objetivos: Estimular a atenção, memória, pronta reação e habilidades motoras.

Formação: Alunos à vontade pela sala e o professor de frente para os alunos.

Desenvolvimento: Antes de iniciar a brincadeira, o professor explica que será contada uma história e cada vez que ele disser: *mamãe, cavalo, caminhando, comendo, bebendo, passarinho*, os alunos deverão fazer determinados gestos para cada uma destas palavras. O professor deverá ter criado previamente uma história em que estes elementos estejam presentes com uma relativa frequência. Depois de terem sido memorizadas estas palavras e os gestos correspondentes, podem ser acrescentadas mais palavras e os gestos referentes a cada uma.

Para esta brincadeira foram escolhidas as seguintes palavras e gestos:

Mamãe – Dar tchau;

Cavalo – Trotar;

Passarinho – Abanar as mãos, simulando o vôo de pássaros;

Comendo – Fazer gestos, simulando comer;

Bebendo – Fazer gestos com as mãos, simulando beber;

Caminhando – Caminhar.

O aluno que errar o gesto ou demorar a executá-lo deverá sair da brincadeira.

41. Choque

Material: Nenhum.

Objetivos: Estimular a atenção, concentração, pronta reação, espírito de equipe e lateralidade.

Formação: Alunos em círculo, de mãos dadas.

Desenvolvimento: Devemos, primeiramente, executar esta brincadeira de olhos abertos e depois de olhos fechados. Somente o professor poderá ficar de olhos abertos. O professor inicia a brincadeira apertando uma das mãos do aluno que estiver sentado ao seu lado direito ou esquerdo, de acordo com sua escolha. Este aperto de mão é chamado na brincadeira de "CHOQUE". O choque percorrerá a roda toda, o aluno que levar o choque e não apertar em seguida a mão do colega passando o choque, ou simplesmente distrair-se na brincadeira, pagará uma prenda.

42. Ladrão

Material: Sobre uma mesa, vários objetos: escova, pasta dental, lápis, caneta, copo, prendedor de cabelo, chave, chaveiro, caixinhas etc.

Objetivo: Estimular a memória, atenção, concentração e observação.

Formação: Alunos em círculo, sentados ou em pé, tendo ao centro a mesa com os objetos.

Desenvolvimento: Será designado, por sorteio ou por escolha, um aluno para iniciar a brincadeira. Os outros ficarão observando. O aluno que irá brincar deverá observar todos os objetos que se encontram sobre a mesa. Ao comando do professor, após a observação, deverá virar-se de costas. Neste momento, o professor ou um aluno retira um ou mais objetos de cima da mesa. A um novo comando do professor, o aluno deverá voltar a observar os objetos e terá que saber nomear qual ou quais são os objetos que estão faltando.

43. Cuide do seu ninho

Material: Jornal.

Objetivos: Estimular a atenção, rapidez de reação, criatividade, percepção visual, audição e socialização.

Formação: Alunos à vontade e espalhados pela sala.

Desenvolvimento: Cada aluno recebe uma folha de jornal e com ela deve fazer um ninho de passarinho. Todos devem estar com o seu ninho na mão, posicionando-se no meio da sala de aula, sempre de costas para o professor. A um primeiro sinal do professor ou de um aluno designado, todos os alunos deverão esconder o seu ninho pela sala e, rapidamente, voltar para o centro da sala de aula, formando um círculo, abraçando-se pela cintura e fechando os olhos. Enquanto isso, o aluno designado, ou o professor, deverá tirar um ou dois dos ninhos que foram escondidos, e jogá-los fora sem que os colegas o percebam. Assim, quando o segundo sinal for dado, os alunos sairão do meio da sala de aula e tentarão achar um ninho que pode ser o seu ou o de um colega. Ao terceiro e último sinal todos devem voltar para o meio da sala de aula. O aluno que estiver sem ninho é excluído da brincadeira.

44. Ganhar ou perder

Material: Bolinhas feitas de papel, feijões, grãos de milho etc.

Objetivos: Estimular a atenção, iniciativa, observação, criatividade, estruturação espacial, noção de valores e atitudes possíveis: calma, cooperação e autocontrole.

Formação: Alunos circulando livremente pela sala.

Desenvolvimento: Os alunos devem circular livremente pela sala, segurando, em uma das mãos, cinco bolinhas de papel ou cinco grãos de milho ou outros grãos. Ao sinal do professor, deverão abordar um colega e fazer mímicas com o objetivo de fazê-lo rir. Caso o colega que foi abordado ria, este deverá dar uma bolinha de papel, ou milho etc., para o colega que o fez rir. Se ambos rirem, ninguém dará nada a ninguém. Aqueles que forem ficando sem bolinhas de papel, milho etc., saem da brincadeira. É vencedor quem estiver segurando nas mãos um maior número de bolinhas de papel, milho etc.

45. Terreno minado

Material: Jornal ou giz.

Objetivos: Estimular a coordenação sensório-motora, atenção, disciplina, estruturação espacial e temporal.

Formação: Alunos espalhados livremente pela sala.

Desenvolvimento: Colocar folhas de jornal no chão ou traçar quadrados. Os alunos, seguindo o professor, saltitam ou correm passando por cima das folhas de jornal ou dos quadrados. A um sinal, todos devem parar. Serão eliminados da brincadeira aqueles que estiverem pisando nas folhas de jornal ou nos quadrados no momento em que se interrompe a brincadeira. Esta brincadeira poderá ser realizada ao som de música animada.

46. Jacaré

Material: Giz e uma caixa com papéis identificados de acordo com a proposta da brincadeira.

Objetivos: Estimular a iniciativa, domínio de si, atenção e rapidez de reação.

Formação: "Alunos no rio".

Desenvolvimento: Demarca-se com giz um espaço da sala de aula. Este espaço será um rio e todos os alunos devem estar tomando banho ou brincando. De repente aparece um jacaré, representado por um aluno. Todos os alunos deverão sair imediatamente do rio, fugindo da fera. O aluno que for pego pelo jacaré será o jacaré ao iniciarem novamente a brincadeira.

Para tornar a brincadeira mais excitante pode-se escolher um jacaré em segredo, colocando papéis numa caixa com o número exato de crianças participantes, sendo todos os papéis em branco e apenas um com a identificação do jacaré; *assim o jacaré estará misturado com as crianças e, inesperadamente, avançará nelas, de forma traiçoeira. As crianças deverão fugir e/ou defender-se umas às outras. Só será considerada como "presa" aquela criança que o jacaré realmente conseguir prender.*

47. Anel no palito

Material: Palitos de picolé e anéis.

Objetivos: Estimular a coordenação, atenção, atitudes positivas como: calma, cooperação, autocontrole e senso de humor.

Formação: Alunos sentados em suas cadeiras colocadas em colunas e tendo número igual de participantes em cada equipe.

Desenvolvimento: Todos os alunos devem estar com um palito de picolé, segurando-o com os dentes, exceto o último de cada coluna, que deverá estar com um anel no seu palito para ser pendurado no palito do colega da frente. Ao sinal do professor, o último aluno de cada equipe colocará as mãos sobre os ombros do colega, posicionando-se de frente para ele, e tentará passar o anel do seu palito para o palito do colega. Assim, sucessivamente. Se o anel cair, será colocado no palito do colega que estava passando o anel. Sairá vencedora a equipe que primeiro concluir o "transporte" do anel.

48. João-Bobo

Material: Uma bola de borracha pequena ou média.

Objetivos: Desenvolver a coordenação motora, atenção e autodomínio.

Formação: Alunos em círculo, com os braços cruzados, tendo um colega ao centro.

Desenvolvimento: O centro do círculo formado pelos alunos deve ser ocupado por um colega com uma bola nas mãos. O aluno do centro joga ou ameaça jogar a bola para um colega. Este deve apanhá-la e devolvê-la. O aluno não poderá descruzar os braços se o seu colega tentar enganá-lo apenas ameaçando jogar a bola. O aluno que deixar a bola cair ou descruzar os braços quando for enganado deverá sair da brincadeira ou mudar de lugar com o seu colega que está no centro do círculo.

49. Desafio das profissões

Material: Nenhum.

Objetivos: Estimular a rapidez de reação, atenção e adquirir conhecimentos gerais.

Formação: Alunos sentados em círculo, tendo um aluno ao centro.

Desenvolvimento: Ao sinal do professor, o aluno que está no centro do círculo aponta um colega dizendo o nome de uma profissão. O colega indicado deverá, rapidamente, responder com um objeto característico desta profissão ou alguma atividade específica exercida pelo mesmo. Se o colega do centro disser, por exemplo, "Jardineiro" e o aluno apontado responder logo, por exemplo, "tesoura de cortar grama", "podar plantas", terá vencido o desafio. Trocam então de lugar e o colega que acertou fica no centro do círculo e dá sequência à brincadeira. Se o aluno apontado pelo colega do centro do círculo errar ao responder o objeto ou a atividade, deverá sair da brincadeira.

50. Número certo

Material: Nenhum.

Objetivos: Desenvolver ritmo, reflexo, coordenação motora e atenção.

Formação: Alunos dispostos em círculo e sentados em suas carteiras.

Desenvolvimento: Os alunos sentados em seus lugares serão enumerados em sequência. O professor ou um aluno começa a brincadeira, batendo duas vezes em suas pernas e dizendo em voz alta seu número. Em seguida bate duas vezes palmas dizendo qualquer número dos que foram atribuídos aos seus colegas para a brincadeira. O número chamado repetirá a ação batendo duas vezes em suas pernas dizendo o seu número e duas vezes baterá palmas dizendo um número qualquer que tenha na brincadeira ou de um colega específico. Falar e bater rapidamente torna a brincadeira mais animada e interessante. Quem errar, sai da brincadeira ou paga prenda.

Referências

ALMEIDA, Paulo Nunes de. *Educação lúdica: técnicas e jogos pedagógicos.* 9. ed. São Paulo: Loyola, 1998.

BROUGÉRE, Giles. *Jogo e educação.* Porto Alegre: Artes Médicas, 1998.

CATUNDA, Célia *et al. Brincadeiras 1.* São Paulo: Ática, 1995.

KRUEGER, Caryl W. *1001 atividades para fazer com suas crianças.* São Paulo: Gradiva, 1991.

SANNY, Rosa. *Brincar, conhecer e ensinar.* São Paulo: Cortez, 1998.

TUTTLE, Cheryl G. & PAQUETTE, Penny. *Invente jogos para brincar com seus filhos.* São Paulo: Loyola, 1991.

WAJSKOP, Gisela. *Brincar na pré-escola.* São Paulo: Cortez, 1995.

WEISIGK, Adolf. *Jogos, diversões e passatempos: para salão, recreio e praia.* Rio de Janeiro: Cia. Brasil, 1936.

CULTURAL

Administração
Antropologia
Biografias
Comunicação
Dinâmicas e Jogos
Ecologia e Meio Ambiente
Educação e Pedagogia
Filosofia
História
Letras e Literatura
Obras de referência
Política
Psicologia
Saúde e Nutrição
Serviço Social e Trabalho
Sociologia

CATEQUÉTICO PASTORAL

Catequese
Geral
Crisma
Primeira Eucaristia

Pastoral
Geral
Sacramental
Familiar
Social
Ensino Religioso Escolar

TEOLÓGICO ESPIRITUAL

Biografias
Devocionários
Espiritualidade e Mística
Espiritualidade Mariana
Franciscanismo
Autoconhecimento
Liturgia
Obras de referência
Sagrada Escritura e Livros Apócrifos

Teologia
Bíblica
Histórica
Prática
Sistemática

REVISTAS

Concilium
Estudos Bíblicos
Grande Sinal
REB (Revista Eclesiástica Brasileira)
SEDOC (Serviço de Documentação)

VOZES NOBILIS

Uma linha editorial especial, com importantes autores, alto valor agregado e qualidade superior.

VOZES DE BOLSO

Obras clássicas de Ciências Humanas em formato de bolso.

PRODUTOS SAZONAIS

Folhinha do Sagrado Coração de Jesus
Calendário de mesa do Sagrado Coração de Jesus
Agenda do Sagrado Coração de Jesus
Almanaque Santo Antônio
Agendinha
Diário Vozes
Meditações para o dia a dia
Encontro diário com Deus
Guia Litúrgico

CADASTRE-SE
www.vozes.com.br

EDITORA VOZES LTDA.
Rua Frei Luís, 100 – Centro – Cep 25689-900 – Petrópolis, RJ
Tel.: (24) 2233-9000 – Fax: (24) 2231-4676 – E-mail: vendas@vozes.com.br

UNIDADES NO BRASIL: Belo Horizonte, MG – Brasília, DF – Campinas, SP – Cuiabá, MT
Curitiba, PR – Fortaleza, CE – Goiânia, GO – Juiz de Fora, MG
Manaus, AM – Petrópolis, RJ – Porto Alegre, RS – Recife, PE – Rio de Janeiro, RJ
Salvador, BA – São Paulo, SP